# HET BUSINESS MODEL CANVAS

## BELANGRIJKE INFORMATIE

- **Naam:** Business Model Canvas, BMC.

- **Gebruikt:** Het Business Model Canvas is een waardevol strategisch hulpmiddel dat wordt gebruikt om nieuwe bedrijfsmodellen te conceptualiseren of om bestaande modellen te documenteren. Het helpt beslissingen over de lancering van een product, een start-up of een nieuw proces te begeleiden door de waarde en de kernactiviteit van een bedrijf te illustreren.

- **Waarom is het succesvol?** De eenvoud en duidelijkheid van de visuele presentatie van het instrument maken het gemakkelijk om alleen of in teamverband te gebruiken.

- **Trefwoorden:**

  - <u>Bedrijfsmodel</u>: Het model waarmee een bedrijf waarde creëert. Via een strategie voor de ontwikkeling van de kernactiviteiten moet deze waarde zich manifesteren in financiële beloningen voor bedrijven die hun klanten tevreden kunnen stellen.

  - <u>Businessplan</u>: Een projectie, neergeschreven in een officieel document, dat deze strategie schetst op basis van marktanalyses en nauwgezet verzamelde en bestudeerde gegevens.

# HET BUSINESS MODEL CANVAS

## Laat uw bedrijf floreren met dit eenvoudige model

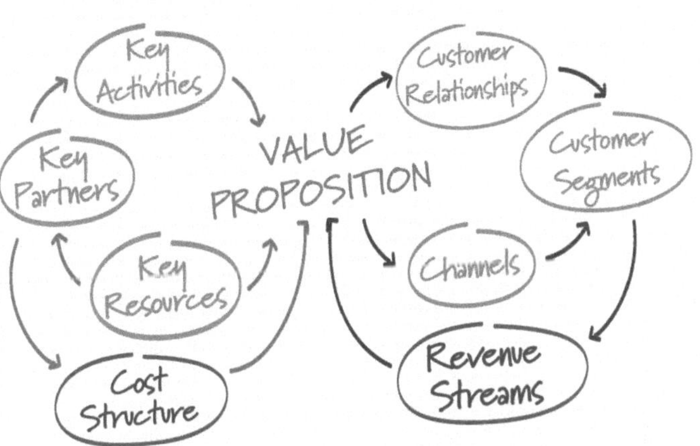

# HET BUSINESS MODEL CANVAS

Laat uw bedrijf floreren met dit eenvoudige model

geschreven door Magali Marbaise
vertaald door Nikki Claes

- Canvas: Een basisoverzicht dat een verzameling elementen op een gestructureerde manier groepeert.

# INLEIDING

Ambitieuze werknemers die in hun bedrijf willen doorgroeien en revolutionaire, hoogwaardige ideeën levensvatbaar willen maken, maar ook ondernemers die hun bedrijf nieuw leven willen inblazen of hun marktaandeel willen vergroten, hebben er baat bij om een diepgaand inzicht te krijgen in hoe hun bedrijf werkt, hoe het groei genereert en welke groeihefbomen het nuttigst zijn. Het Business Model Canvas is een uitstekende manier om dit inzicht te ontwikkelen.

Dit strategische instrument is ontwikkeld door Alexander Osterwalder (Oostenrijks theoreticus, geboren in 1974) en Yves Pigneur (Belgisch informaticus en hoogleraar aan de Universiteit van Lausanne, geboren in 1954) in hun bestseller *Business Model Generation* (2010). Het wordt vooral (maar niet uitsluitend) gebruikt door ondernemers, en heeft tot doel hen in staat te stellen hun ideeën om te zetten in innovatieve en concurrerende projecten. Daartoe moedigen de auteurs elk bedrijf dat het Business Model Canvas gebruikt aan om na te denken over de waarde die zij voor hun klanten en voor zichzelf creëren. Dit model is bijzonder geschikt voor kleine bedrijven of starters, waar de structuur niet sterk hiërarchisch is: het canvas biedt een meer systematische aanpak dan de meeste traditionele modellen door de verschillende onderdelen van het bedrijf te articuleren.

## DEFINITIE VAN HET MODEL

Volgens de bedenkers van de methode stelt dit raamwerk organisaties in staat om waarde te creëren, te leveren en vast te leggen (Osterwalder en Pigneur, 2010).

Het Business Model Canvas maakt deel uit van de trend van visueel en design thinking. Dit betekent dat het door zijn niet-lineaire proces de creatie van een visueel systeem mogelijk maakt dat voor iedereen toegankelijk, leesbaar en gemakkelijk te begrijpen is. Dit canvas is een medium dat ondernemers kunnen gebruiken om op één pagina na te denken over hun bedrijfsmodel en dit te construeren: zij kunnen hun ideeën gemakkelijk organiseren in de vakjes van het sjabloon, om zo sneller – en doeltreffender – tot actie over te gaan. Het feit dat het een overzicht biedt van de modellen in opbouw vergemakkelijkt de duidelijke vaststelling van prioriteiten, de opstelling van concrete actieplannen en een creatieve en aanpasbare aanpak, wat de toekomstige ontwikkeling van een businessplan sterk vereenvoudigt. Dit instrument verbetert ook de interactie met klanten en bevordert de communicatie tussen medewerkers.

# THEORIE

Alle ondernemingen dromen ervan de sleutels tot succes in handen te hebben, en hoe eenvoudiger ze zijn, hoe beter! Hoewel dit kader niet echt rekening houdt met het zuivere concurrentieaspect, is het toch zeer interessant, praktisch en voor iedereen toegankelijk.

## DE NEGEN INSTRUMENTEN

De matrix bestaat uit negen onderling verbonden blokken die alle activiteiten van een onderneming illustreren:

* kernactiviteiten

* belangrijke partnerschappen

* belangrijke middelen

* klantensegmenten

* kanalen

* klantrelaties

* waardevoorstel

* kostenstructuur

* inkomstenstromen.

De vakken zijn duidelijk onderscheiden en geïdentificeerd en worden zorgvuldig en nauwkeurig op het canvas gerangschikt. Deze indeling creëert onderlinge synergieën, wat leidt tot een unieke strategie voor elk bedrijf dat de oefening probeert.

## Waarde creëren

- **Kernactiviteiten.** De kernactiviteiten zijn essentieel voor de onderneming, omdat daarmee een klantwaardevoorstel wordt gecreëerd, dat indirect inkomsten genereert. Deze activiteiten variëren, afhankelijk van het type bedrijfsmodel. Bij een verzekeringsmaatschappij is een kernactiviteit bijvoorbeeld het beschermen van het vermogen van de klant en het vergoeden van het verlies; een ziekenhuis is verantwoordelijk voor de gezondheid van de patiënten. Volgens Osterwalder kunnen de activiteiten worden ingedeeld in drie verschillende categorieën:

    - die rechtstreeks verband houden met de vervaardiging van een product;

    - Zij die oplossingen (diensten) willen ontwikkelen om aan de behoeften van de klant te voldoen;

    - die geheel of gedeeltelijk op het internet plaatsvinden (online winkelsites of banken).

- **Belangrijke partnerschappen.** Het gezegde "twee hoofden zijn beter dan één" is universeel en vindt een bijzondere weerklank in de professionele wereld, binnen onze ondernemingen. Het hebben en onderhouden van goede relaties met zorgvuldig geselecteerde, concurrerende en betrouwbare partners versterkt de positie die de organisatie op haar markt inneemt door het bedrijfsmodel te versterken. De aard van het partnerschap hangt af van de doelstellingen van het bedrijf:

- Uitbesteding ter bevordering van schaalvoordelen of heroriëntatie van activiteiten;

- Fusies om het risico en de onzekerheid in verband met de concurrentiesituatie te verminderen;

- Verwerving van bepaalde middelen en activiteiten waardoor sommige activiteiten aan andere bedrijven kunnen worden uitbesteed. Een voorbeeld hiervan is een verzekeringsmaatschappij die gebruik maakt van een extern expertisebureau om claims te betalen.

  Er zijn verschillende profielen van belangrijke partners. Of de partner nu een bedrijf of een individu is, het belangrijkste is dat zij ondersteuning, advies, enz. bieden die de ontwikkeling van een bedrijf vergemakkelijken: banken, investeerders, vennoten, leveranciers of zelfs klanten, maar ook concurrenten.

- **Essentiële middelen.** Dit zijn de activa van de onderneming waarop zij steunt en die haar in staat stellen haar economische activiteit in stand te houden of haar waardeketen met succes uit te voeren. Er bestaat dus een zekere onderlinge afhankelijkheid tussen de gezondheid van de onderneming – zowel financieel als menselijk, intellectueel (octrooien enz.) of materieel – en de middelen die beschikbaar zijn om een waardepropositie te (her)lanceren. Volgens deze logica zullen kleine en middelgrote ondernemingen de relatief geringe omvang van hun teams (personele middelen) optimaal benutten om zich te concentreren op regelmatige persoonlijke contacten met klanten. Omgekeerd kan een IT-bedrijf de voorkeur geven aan materiële middelen zoals processoren, koelers of magazijnen om zijn waardepropositie te versterken.

- **Klantsegmenten.** De meeste ondernemingen danken hun welvaart aan hun klanten, die de drijvende kracht zijn achter veel economische activiteiten. Daarom is het belangrijk hen goed te kennen, hun verwachtingen in kaart te brengen en een aanbod te doen dat zo goed mogelijk aan hun behoeften voldoet. Op basis daarvan stelt de organisatie klantsegmenten vast met dezelfde of soortgelijke behoeften en kiest zij op welke groepen zij zich in het bijzonder wil richten.

 ## SEGMENTEN DEFINIËREN EN KIEZEN

Er zijn verschillende soorten klantensegmenten, zoals de massamarkt, de nichemarkt, de gediversifieerde markt, enz. Afhankelijk van het gekozen type activiteit, de financiële draagkracht en de economische situatie, zal de onderneming zich richten op het ene of het andere segment. Zo zal een chique restaurant vooral welgestelde klanten proberen aan te trekken, terwijl een brasserie een betaalbaarder menu zal aanbieden (tenzij zij iets anders wil aanbieden en op een ander soort klanten mikt; in dat geval zal zij voor een andere aanpak kiezen, bijvoorbeeld door wijnen van hogere kwaliteit aan te bieden en deze keuze in haar communicatie te benadrukken). De keuze van het segment kan ook gebaseerd zijn op de geografische ligging: de vestiging van een toprestaurant lijkt op sommige plaatsen geschikter dan op andere (in het stadscentrum of op het platteland).

- **Kanalen.**

  - Waardeproposities worden via kanalen aan klanten geleverd. Reclame, sociale netwerken, enz. zijn cruciale "interfaces" tussen het bedrijf en zijn klanten.

- **Klantrelaties.** De optimalisering van de klantenrelaties is een geliefd onderwerp voor elke onderneming. Het onderhouden van relaties met de consumenten van waardeproposities bevordert hun loyaliteit, en garandeert in zekere zin de duurzaamheid van de onderneming. Een relatie wordt opgebouwd door herhaaldelijk contact tussen de klant en het product/de dienst/de onderneming, of het nu gaat om consumptie of ervaring als zodanig, of om blootstelling aan de marketing rond het aanbod. Elke onderneming moet daarom een concreet beleid vaststellen waarmee zij haar huidige en toekomstige klantenrelaties definieert. Deze relaties kunnen verschillende vormen aannemen, waaronder een meer gepersonaliseerde aanpak, zelfbediening en standaardisering.

- **Waardepropositie.** Waardeproposities zijn de diensten of producten die het bedrijf aanbiedt (verkoopt) aan zijn klanten.

 # WAT IS WAARDE?

Waarde is wat een onderneming in staat stelt uit te breiden en klanten te winnen en te behouden die op zoek zijn naar toegevoegde waarde: waarde voor geld, merk, kwaliteit van de dienstverlening en efficiëntie. Om deze waarde te realiseren is het dus belangrijk te weten welke behoeften op de markt zijn vervuld – en vooral welke behoeften niet zijn vervuld – en te analyseren wat door de concurrentie wordt aangeboden.

## Financieel evenwicht

- **Kostenstructuur.** Veel onderdelen van het bedrijfs- model maken en genereren kosten (reclame is een goed voorbeeld).

- **Inkomstenstromen.** Dit vak bevat de antwoorden op de volgende vragen: Wat zijn de bronnen van inkom- sten? Welke prijs zijn klanten bereid te betalen en voor welke producten? Het genereren van inkomsten- stromen is dus cruciaal, aangezien het voortbestaan van elk bedrijf ervan afhangt. De meest voorkomende aanbiedingen zijn de verkoop van goederen, gebruiks- rechten (klanten betalen om het product of de dienst te gebruiken), abonnementen, lease/leningen, enz. Naast deze inkomsten uit de B2C-relatie mogen ook de inkomsten uit B2B-partnerschappen, zoals reclame en sponsoring, niet worden verwaarloosd.

# PRAKTISCHE TOEPASSING

## TIPS EN BESTE PRAKTIJKEN

### Organisatie van een BMC-workshop

Zoals gezegd is dit model interactief: de deelnemers van het bedrijf gaan zitten, tekenen de matrix op een groot vel papier, dat zij op een muur plakken of midden op tafel leggen, discussiëren, interageren en "plakken" hun ideeën op het model. De Post-it® methode, voorgesteld door Osterwalder, blijkt zeer effectief in de context van dit groepswerk: ideeën kunnen worden verwijderd, vervangen en verplaatst naarmate de discussie vordert en verschillende punten aan bod komen. Tijdens de workshop blijft het Business Model Canvas niet 'gefixeerd', maar wordt het één Post-it® Note per keer opgebouwd (Osterwalder en Pigneur, 2010), aangezien:

- Gebruikers denken actief na over wat zij in elk vakje van het model moeten plaatsen door zichzelf een reeks vragen te stellen. Voor de waardepropositie zou het bijvoorbeeld interessant zijn om na te denken over de waarde die het bedrijf de klant biedt, het probleem dat het wil oplossen, de behoeften waarop het inspeelt, enz. Deze punten moeten zo diepgaand mogelijk worden behandeld.

- Elke deelnemer heeft een blocnote en een pen, waarmee hij zijn gedachten met zijn collega's kan delen en tegelijkertijd zijn ideeën kan ordenen. Bij deze aanpak wordt het bedrijfsmodel ontwikkeld door te brainstormen en ideeën te noteren. Het belangrijkste idee is dat eenvoud de creativiteit stimuleert. Het doel is ook de werknemers op alle niveaus van het bedrijf erbij te betrekken.

Ten slotte moeten bedrijven niet vergeten hun model regelmatig te testen. Door hypotheses te formuleren kan het bedrijfsmodel worden bijgesteld naarmate de onderneming zich ontwikkelt.

 ## AANBEVELINGEN VAN DE AUTEURS

Om een nieuw bedrijfsmodel te creëren en te implementeren stellen Osterwalder en Pigneur voor om in vijf fasen te werken:

**Mobiliseren** door de precieze doelstellingen van het project te bepalen, de eerste ideeën te testen, het project te plannen en een team samen te stellen van ervaren en enthousiaste mensen met verschillende profielen;

**Inzicht**, via marktonderzoek en transversale analyses;

**Ontwerpen**, dat wil zeggen onderzoeken, testen en loslaten van vooropgezette ideeën die geruststellend zijn, maar die mensen verhinderen de dingen anders te zien;

Het **maken van** een ondernemingsplan en een financieel plan;

**Beheren** door de situatie van dag tot dag nauwgezet te volgen om het bedrijfsmodel aan te passen of zelfs eventueel te herzien.

## Snelle aanbevelingen

Wanneer een leider overweegt het bedrijfsmodel van zijn bedrijf te herzien, moet hij dat altijd doen:

- ervoor te zorgen dat hun aanpak legitiem, relevant en consistent is;

- voorzien in de actieve deelneming van alle niveaus van het bedrijf om een volledig overzicht te krijgen en mogelijke weerstand tegen verandering te vermijden;

- een onpartijdige bemiddelaar inschakelen die de discussies kan leiden en de deelnemers kan uitdagen;

- de balans opmaken van wat al bestaat om te beslissen of we al dan niet van nul moeten beginnen;

- besluiten wie de leiding krijgt over het project om een soepele overgang bij de uitvoering van nieuwe richtsnoeren te waarborgen.

## PRAKTIJKVOORBEELD

Deze casestudy betreft een niet-gespecialiseerde boekhandel die romans, kunst- en muziekboeken, academische en wetenschappelijke boeken verkoopt. De winkel staat bekend om de kwaliteit van zijn literaire aanbevelingen en om zijn uitgebreide catalogus van school- en universiteitsboeken.

Aangezien de boekensector de laatste jaren veel veranderingen heeft ondergaan, zoals de invoering van de onlineverkoop, wordt de boekhandel steeds minder druk bezocht. Bovendien heeft het betrokken verkooppunt te kampen met zware concurrentie: er zijn meerdere boekhandels in een klein gebied, en elk van hen probeert zijn voorsprong te vergroten door te diversifiëren of zich te specialiseren. Met name op de markt voor schoolboeken heeft zich een directe concurrent aangediend. Het is dus tijd dat de winkel zijn bedrijfsmodel herziet om open te blijven.

De manager van de boekhandel besluit zijn bedrijfsmodel te herzien en roept zijn personeel (het communicatieteam, de boekhouder, de boekhandelaren, het receptieteam, enz. Samen moeten ze een reeks vragen stellen om het canvas in te vullen en het huidige businessmodel te actualiseren. Het is belangrijk op te merken dat ze met elk vakje van het model kunnen beginnen.

 ## Advies voor leiders



Wees niet zo bang voor al te gewaagde ideeën dat u ze systematisch afwijst. Hoewel ze meer risico's met zich meebrengen, zijn ze vaak ook interessanter. Dit betekent echter niet dat ze zonder verder nadenken moeten worden goedgekeurd. Ze kunnen bijvoorbeeld eerst worden getest en vervolgens worden aangepast en bijgesteld als ze doeltreffend blijken.

Begin niet automatisch vanaf nul, want er kunnen nuttige elementen uit het vorige model behouden blijven.

Sluit bepaalde teamleden niet uit, want de beste ideeën ontstaan vaak door ze te delen.

Richt u niet alleen op de korte termijn. Zoals bij elk ontwerp van een bedrijfsmodel, beperkt het kijken naar de lange termijn de risico's.

## Analyse van het oude bedrijfsmodel

Naarmate de gesprekken vorderen, vult het canvas zich en geeft het een overzicht van de huidige stand van zaken, met de sterke en zwakke punten van het huidige bedrijfsmodel.

- **Klantsegmenten. Wie zijn de grootste klanten van de boekhandel? Welke segmenten worden bereikt? Voor wie creëren zij waarde?** In dit geval zijn de belangrijkste klanten scholen en universiteiten, die hun studenten rechtstreeks naar deze boekhandel sturen. Bibliotheken en trouwe klanten – meestal gepensioneerden – komen regelmatig langs om te profiteren van zijn aanbevelingen.

  - Stabiele markt: Bibliotheken en trouwe klanten.

  - Markt om elk jaar te heroveren: universiteiten.

  - Bezoeken van particulieren of het grote publiek, die de naam van de boekhandel kennen of er reeds geweest zijn, en die één of meer keren per jaar komen, op min of meer willekeurige tijdstippen (specifiek boek of bestelling, bladeren, geschenken, enz.).

- **Waardepropositie. Wat is de toegevoegde waarde van de boekhandel?**
  - Wijs advies voor trouwe klanten, het publiek en bibliothecarissen.
  - "Onklopbare prijzen" voor sommige bibliothecarissen en voor scholen of universiteiten (en dus indirect voor studenten).

- **Kanalen. Hoe communiceert de winkel met klanten? Welke kanalen worden gebruikt?** De kanalen die momenteel worden gebruikt zijn voornamelijk e-mail en telefoon. Met universiteiten en bibliotheken wordt doorgaans op afstand contact opgenomen, terwijl de boekhandelaren werken via rechtstreeks contact met klanten die de winkel bezoeken.

- **Relaties met klanten. Wat voor soort relaties onderhoudt de boekhandel met zijn klanten?** Hij onderhoudt een vertrouwensrelatie met trouwe klanten en met instellingen zoals bibliotheken en universiteiten. Bij deze relaties heeft iedereen baat: het bedrijf kan zijn kosten drukken, terwijl bibliotheken en universiteiten hun boeken tegen de beste prijs kopen. De relatie met de klant wordt aangepast aan de klant.

- **Inkomstenstromen. Waarvoor betalen de klanten? Hoe betalen ze?** Goederen worden direct verkocht: klanten betalen direct aan de balie of per factuur voor bibliotheken en universiteiten. Zij betalen in de wetenschap dat zij een dienst en advies krijgen die zij gewend zijn en waarderen.

- **Belangrijke middelen. Welke belangrijke middelen vereist het waardevoorstel van de boekhandel?**
  - De belangrijkste middelen van een boekhandel zijn in de eerste plaats menselijke hulpbronnen, vooral tegenwoordig. Klanten gaan erheen om advies te krijgen en een speciale relatie met de boekhandelaar te onderhouden.
  - De tweede belangrijke bron is financieel (verkoopprijzen en kortingen die leveranciers hebben besproken en die vooral van invloed zijn op de verkoop aan universiteiten en bibliotheken).
- **Kernactiviteiten. Wat zijn de kernactiviteiten die voortvloeien uit de waardepropositie van de boekhandel? Om** de beste prijs voor universiteiten en bibliotheken te garanderen, doet de manager regelmatig marktonderzoek naar de prijzen en diensten van de concurrentie. Bovendien hangt de kwaliteit van het advies af van de deskundigheid van de boekhandelaren.
- **Belangrijke partners. Wie zijn de belangrijkste partners van de boekhandel? Met wie werkt hij samen? Welke partners helpen waarde te creëren?** De boekhandel heeft betrouwbare relaties opgebouwd met een netwerk van gespecialiseerde leveranciers. Hun economische situatie is nauw verbonden: een daling van de verkoop voor de boekhandel lijdt tot een verlies aan inkomsten voor de leveranciers. De leveranciers hebben dus een lijst van bestellingen opgesteld die regelmatig moet worden herzien, omdat zij niet altijd overeenkomen met de werkelijke verkoop in de boekhandel (overtollige boeken die de

winkel niet weet te verkopen). Er moet dus een evenwicht worden gevonden, vooral omdat sommige leveranciers bestellingen "blokkeren" als de boekhandel een betalingsachterstand heeft (dit betekent natuurlijk minder voorraad, die op zijn beurt minder verkoop genereert, waardoor een vicieuze cirkel ontstaat). Een vertrouwensrelatie met de leveranciers is dus van essentieel belang. Ook de distributeurs spelen een belangrijke rol, want het is absoluut noodzakelijk dat de boekhandel de beloofde levertijden nakomt. In dit opzicht is de concurrentie hard met websites die levering binnen twee tot drie werkdagen garanderen. Dit punt is voor verbetering vatbaar, aangezien de boekhandel momenteel te kampen heeft met grote vertragingen.

- **Kostenstructuur. Wat zijn de belangrijkste kosten van de boekhandel? Wat zijn de duurste activiteiten?** De boekhandelaren handelen de bestellingen rechtstreeks af. De manager behandelt specifieke verzoeken van universiteiten om grotere hoeveelheden te bestellen. De inkoopkosten variëren, omdat zij afhankelijk zijn van het volume van de bestellingen en van eventuele kortingen die door de leverancier worden aangeboden. Ook de salariskosten zijn aanzienlijk, omdat de gemiddelde leeftijd van de werknemers relatief hoog is.

## Aanpassing van het bedrijfsmodel

Voor de deelnemers lijkt alles mogelijk: ze hoeven alleen maar de vragen te durven stellen die nodig zijn om het bedrijfsmodel te actualiseren. Ze kunnen hun reflectie beginnen met een van de vakjes op het canvas. Idealiter zorgen ze ervoor dat voor elk vakje van het canvas vernieuwingen worden bedacht en kiezen ze vervolgens de meest geschikte suggestie voor de situatie.

Door de sticky notes met de verschillende ideeën van elke boekwinkelmedewerker toe te voegen, te verwijderen en te verplaatsen, wordt het model objectiever weergegeven, wat nieuwe constructieve synergieën oplevert.

## Grote veranderingen:

Deze nieuwe versie van het bedrijfsmodel stelt de klant centraal: het wil de waardepropositie optimaliseren, relaties met klanten ontwikkelen, enz. Deze laatste dimensie, die door ondernemingen vaak over het hoofd wordt gezien of terzijde wordt geschoven, kan op intelligente wijze strategische keuzes sturen. De nieuwe configuratie speelt beter in op de problemen van de boekhandel, omdat de klant, die verschillende redenen kan hebben om te lezen (van de trouwe, oudere klant tot de ontwikkeling van een nieuw segment dat jonger is en/of niet meer naar de boekhandel gaat) in het centrum van de economische structuur wordt geplaatst. De boekhandel moet vooral zijn kernactiviteiten (lezingen, literaire evenementen, opleiding van het personeel), zijn kostenstructuur (website, salariskosten), zijn belangrijkste partners (distributeurs, leveranciers, concurrenten), zijn communicatiekanalen (ontwikkeling van zijn website), enz. herzien.

# BEPERKINGEN EN UITBREIDINGEN

## BEPERKINGEN EN KRITIEK

- **Gebrek aan aandacht voor het strategische aspect.** Zoals eerder uiteengezet, negeert de BMC het strategische aspect van het bedrijf. Het stelt de waardepropositie centraal in zijn benadering, ervan uitgaande dat de primaire wens van elk bedrijf het verdienen van geld is. Dit is belangrijk, zo niet essentieel, voor het overleven van bedrijven, maar niet alle bedrijven zetten winst bovenaan hun agenda. Dit geldt met name voor verenigingen zonder winstoogmerk. De strategische aanpak is belangrijk voor de ontwikkeling van elke onderneming, en door deze te veronachtzamen lopen we het risico belangrijke klantensegmenten te missen waar we misschien geen rekening mee hadden gehouden.

- **Kan niet op alle bedrijven worden toegepast.** Volgens Philippe Moricou (professor Strategie aan de ESSCA) in een interview met de site My-Business-Plan.fr lijkt het erop dat de BMC gemakkelijker kan worden toegepast op bedrijven met één activiteit, zoals starters, dan op multidisciplinaire organisaties. Moricou meent dat dit komt door de eenvoud van de matrix. De potentiële synergieën tussen de verschillende activiteiten passen immers niet noodzakelijkerwijs in de relatief eenvoudige vakjes van het model.

- **Geen rekening houden met de concurrentie.** Het Business Model Canvas richt zich op de structuur en de interne werking van het bedrijf, en houdt geen (of slechts in zeer beperkte mate) rekening met externe factoren, zoals concurrentie. Toch is nadenken over concurrentie bij het opstellen van het model belangrijk, omdat een verandering op dit niveau een direct effect kan hebben, doordat het bedrijf bijvoorbeeld zijn doelstellingen moet herzien. In onze casestudy wilde de onderneming haar bedrijfsmodel herzien wegens de toenemende concurrentie die haar waardeproposities dreigde aan te tasten.

- **Statische analyse.** De BMC houdt geen rekening met de evolutie van het bestudeerde bedrijf: zij biedt een overzicht van de situatie op een bepaald moment en gaat dus volledig voorbij aan de langetermijnvisie.

## VERWANTE MODELLEN EN UITBREIDINGEN

Aangezien het Business Model Canvas enkele beperkingen heeft, waaronder met name het ontbreken van een strategische dimensie, is het de moeite waard te overwegen het te combineren met andere instrumenten, zodat zij elkaar kunnen aanvullen.

### De BCG-matrix als leidraad voor de strategie

Op basis van de vier soorten strategische bedrijfsgebieden (sterren, vraagtekens, cash cows en honden) kan dit model een aanvulling vormen op het BMC, dat geen rekening houdt met deze realiteiten die de strategische keuzes beïnvloeden. Het idee van de BCG-matrix is om zowel de markt van het product als de groeivooruitzichten van het product op de markt te evalueren. De onderneming gebruikt deze parameters om de prioriteiten in haar productportefeuille te bepalen en te zorgen voor waardecreatie op lange termijn en het beheer van de cashflow.

## De vijf krachten van Porter om de concurrentie te verslaan

De vijf krachten van Porter bepalen de aantrekkelijkheid van een bedrijfstak. De veronderstelling is dat bedrijven een concurrentievoordeel nastreven dat wordt afgemeten aan hun vermogen om winst te genereren of middelen te veroveren. Deze vijf krachten zijn: potentiele toetreders (degenen die de markt kunnen betreden en een bedreiging kunnen vormen), vervangingsproducten (producten die rechtstreeks concurreren), klanten en distributeurs, alsmede leveranciers (die allen onderhandelingsmacht hebben).

# SAMENVATTING

- Het Business Model Canvas komt uit het boek *Business Model Generation: A Handbook for Visionaries, Game Changers and Challengers*, mede geschreven door Alexander Osterwalder en Yves Pigneur in 2011.

- Het is een praktisch model, dat zeer gemakkelijk te gebruiken en direct toepasbaar is. Het omvat alle niveaus in de bedrijfshiërarchie, maar is meer geschikt voor starters dan voor grote bedrijven.

- De matrix is gebaseerd op de waardepropositie die aan klanten wordt geboden. De negen blokken die het canvas vormen overlappen elkaar, en het bedrijfsmodel wordt ontwikkeld aan de hand van de synergieën die daartussen ontstaan:

  - kernactiviteiten

  - belangrijke partnerschappen

  - belangrijke middelen

  - klantensegmenten

  - kanalen

  - klantrelaties

  - waardevoorstel

  - kostenstructuur

  - inkomstenstromen.

- Het gebruik van sticky notes stimuleert de creativiteit omdat ze tijdens een workshop vrij kunnen worden verplaatst. Hierbij worden de verschillende deelnemers betrokken die nadenken over de waardecreatie van het bedrijf. Het doel is zich bewust te worden van de verschillende maatregelen die moeten worden genomen om een concreet en direct toepasbaar plan uit te voeren.

- De auteurs doen verschillende belangrijke aanbevelingen: zorg voor de legitimiteit van het proces, leg de nadruk op een overzicht van het model, overweeg een bemiddelaar om de besprekingen te leiden, maak de balans op van de huidige situatie en identificeer de personen die verantwoordelijk zijn voor de verwezenlijking van het project.

- Zoals we in het concrete voorbeeld van de boekhandel hebben gezien, zijn klantrelaties en waardeproposities van fundamenteel belang in dit canvas. De auteurs waarschuwen bedrijfsleiders echter om niet bang te zijn te inventief te zijn, om zoveel mogelijk mensen te betrekken bij het ontwerp van het BMC, en om uit te gaan van wat ze al weten in plaats van weer van nul te beginnen, omdat dit ernstige problemen met de consistentie kan opleveren.

- Dit instrument heeft echter enkele beperkingen, zoals het feit dat het geen betrekking heeft op strategische en concurrentieaspecten. Het gebruik ervan naast een ondernemingsplan zal ervoor zorgen dat geen enkel detail wordt vergeten.

# VERDER LEZEN

## BIBLIOGRAFIE


Créativité.net (2016) *Business Model - Nouvelle Génération: Un guide pour visionnaires, révolutionnaires et challengers d'Alexander Osterwalder et d'Yves Pigneur.* [Online]. [Geraadpleegd op 20 juli 2015]. Beschikbaar op: < http://www.creativite.net/business-model-nouvelle-generation-alexander-osterwalder-yves-pigneur/>

Kotler, P., Keller, K. en Manceau, D. (2012) *Marketing Management.* 14e editie. Parijs: Pearson.

Menin-Urien, G. (2012) 2013, actie commercieel – Conseil 6: apportez de la valeur ajoutée! *Le Blog du Manager commercial.* [Online]. [Geraadpleegd op 20 juli 2015]. Beschikbaar op: < http://www.management-commercial.fr/2012/12/21/2013-quelle-action-commerciale-apportez-de-la-valeur-ajoutee/>

My-Business-Plan.fr (2013) *Philippe Mouricou vous dit tout sur le Business Model Nouvelle Génération.* [Online] [Geraadpleegd op 8 juli 2015]. Beschikbaar op: < http://www.my-business-plan.fr/interview-philippe-mouricou-business-model>

Osterwalder, A. en Pigneur, Y. (2010) *Business Model Generation: Een Handboek voor Visionairs, Game Changers en Challengers.* Hoboken, New Jersey: John Wiley & Sons.

UCM (2016) *Le Business Model Canvas. Un outil stratégique pour l'entreprise.* [Online]. [Geraadpleegd op 8 juli 2015]. Beschikbaar op: < http://www.ucm.be/Entreprendre/

Le-Business-Model-Canvas-Un-outil-strategique-pour-l-entreprise>

Universiteit van Lausanne (2016) Yves Pigneur. *Facultés des Hautes Études Commerciales.* [Online]. [Accessed 20 July 2015]. Beschikbaar op: < https://hec.unil.ch/people/ypigneur>

## AANVULLENDE BRONNEN

Business Model Canvas website: http://www.businessmodelgeneration.com/canvas/bmc

Alexander Osterwalder website: http://alexosterwalder.com/

Video's

*Business Model Canvas uitgelegd.* (2011) [Video]. Beschikbaar op: < https://youtu.be/QoAOzMTLP5s>

*Osterwalder legt het Business Model Canvas uit.* (2012) [Video]. Beschikbaar op: < https://www.youtube.com/watch?v=R-zkdJiax6Tw>

We horen graag van u! Laat
een reactie achter op jouw online bibliotheek
en deel je favoriete boeken op social media!

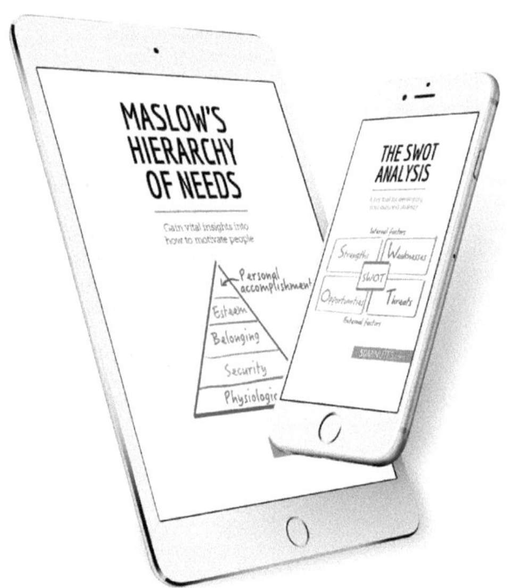


# IMPROVE YOUR GENERAL KNOWLEDGE

## IN THE BLINK OF AN EYE!

www.50minutes.com

De uitgever garandeert de betrouwbaarheid van de
gepubliceerde informatie, die echter niet onder zijn
verantwoordelijkheid valt.

Master ISBN: 9782808063814
Papier ISBN: 9782808064101
Wettelijk depot: D/2022/12603/55

Digitaal ontwerp: Primento,
de digitale partner van uitgevers.